MiT PESTO DURCHS JAHR

FELIX SCHÄFERHOFF

MIT PESTO DURCH DAS JAHR

LV.Buch
Die Begeisterungswerkstatt

VORWORT

Pesto gehört in meinem Leben schon immer dazu. In meiner Kindheit kam in unseren Südfrankreich-Urlauben mittags häufig Pasta auf den Tisch, dazu ein leckeres Pesto. Und auch zu Hause im Kühlschrank stand fast immer ein Gläschen in der Tür. Das haben mein Bruder und ich dann zum Beispiel früh morgens nach einer guten Party mit einer Packung Spaghetti verdrückt.

Wann ich mein erstes Pesto selbst gemacht habe, weiß ich nicht so genau. Ich kann mir aber nicht vorstellen, dass es ein klassisches Pesto alla Genovese gewesen ist, sondern eher, dass ich ein interessantes Pestorezept gefunden habe, das ich unbedingt ausprobieren wollte.

So wundere ich mich noch heute, welche unterschiedlichen Zutaten man für ein Pesto verwenden kann. Immer wieder finde ich irgendwo etwas Neues.

Am liebsten nutze ich Rezepte mit Gemüse, das ich selbst im Garten anbaue oder solche, bei denen vermeintliche Reste eines Gemüses verwertet werden. Beispiele dafür sind das Kohlrabiblatt- oder das Möhrengrünpesto. Aber auch für mich ganz neue Zutaten, wie zum Beispiel Maronen, haben ihren Weg in dieses Buch gefunden.

Pesto ist nicht gleich Pesto. Natürlich bilden die Zutaten die Grundlage und bestimmen, ob das Pesto in eine süße oder herzhafte Richtung geht, aber auch die spätere Verwendung des Pestos ist entscheidend für die Zubereitung.

So püriere ich bei Pestos, die ich für Nudeln verwende, alle Zutaten ganz fein. Sollen sie aber zu Fleisch gereicht werden, lasse ich die Nüsse und den Käse lieber etwas grober, um dem Ganzen noch etwas Biss zu verleihen. Das ist auch meine Lieblingsvariante, da ich die grobe Struktur von Käse und Nüssen mag. Daher werdet Ihr diese Zubereitungsweise oft im Buch finden. Und weil so viele Pestos zu Nudeln und Fleisch passen, habe ich Euch das Grundrezept für Nudelteig und die Zubereitung eines Steaks vorangestellt.

Auch die Menge an Öl ist komplett variabel. Einige mögen ihr Pesto lieber etwas flüssiger, andere dagegen etwas fester. Ich empfehle Euch, am Anfang immer die Hälfte des angegebenen Öles mit in den Mixer zu geben, um die Grundzutaten besser pürieren zu können. Anschließend kann jeder selbst entscheiden, welche Konsistenz sein Pesto haben soll und die Menge an Öl entsprechend anpassen.

Wenn Ihr das Pesto im Glas verschenken oder lagern wollt, dann schließt mit einer dicken Schicht Öl obendrauf ab. So bleibt es mindestens eine Woche haltbar.

Ich wünsche Euch viel Spaß mit diesem Buch und freue mich über Rückmeldungen und Fotos, wenn Ihr die Pestorezepte ausprobiert habt.

Euer Felix

INHALT

HERBST

WINTER

FELIX' LIEBLINGSREZEPT MIT PESTO

FELIX SCHÄFERHOFF – LEBT UND ISST IM GRÜNEN

Dort, wo die Stadt Münster ins Münsterland übergeht, wo das Grüne den Stadtrand umgarnt, dort lebt Felix Schäferhoff. Der Stadtteil Handorf war früher als das „Dorf der Kaffeekannen" bekannt, weil Fahrradausflügler und Stadtbewohner regelmäßig bei den Bauern zu Kaffee und Kuchen vorbeikamen. Genuss und Geselligkeit haben also Tradition. Heute kommen Felix' Freunde gerne, weil sie bei ihm im Garten eine ganz besondere grüne Oase erleben – und Ernte-Köstlichkeiten in jeder Jahreszeit probieren dürfen. Denn im Garten wächst, was Felix pflückt, püriert und als Pesto auf dem Gartentisch anrichtet. Zu Gast bei Felix – das heißt ganz oft: Grillduft in der Nase, einen Burger auf dem Teller und ein besonderes Pesto auf dem Löffel.

DIE JAHRESZEITEN IN FELIX' GARTEN BESTIMMEN DIE ZUSAMMENSTELLUNG DER PESTOS.

Wer ist dieser Pesto-Macher? Gerne stellen wir ihn vor: Felix Schäferhoff, Jahrgang 1986, ist in diesem Handorfer Gartenidyll aufgewachsen – als Kind wohnte er zwar noch mitten in der Stadt, hatte aber dort schon sein eigenes Beet. Als er zwölf Jahre alt war, zog die Familie raus aufs „Land", nach Handorf. „Meine Eltern hatten einen halben Acker mit Pastinaken, Kartoffeln und Kohlrabi. Tomaten wuchsen auch und meine Mutter züchtete sogar Brennnesseln und Giersch für ihre Küche", erinnert sich Felix. „Damals hatte ich noch mit der Hacke ordentlich geholfen und bin gegen jegliches Unkraut in den Beeten vorgegangen." Inzwischen ist Felix entspannter.

Zwar zog Felix weg von Handorf, als er seine Ausbildung zum Mediengestalter und Webdesigner machte. Aber seit zehn Jahren ist er wieder zurück, gemeinsam mit Mirjam. Seit 2013 sind die zwei verheiratet und teilen die Gartenleidenschaft: Sie bauten Hochbeete, stellten ein Gewächshaus auf, mauerten Backstein zur Wand gegen Wind und Wetter und für mediterranes Flair. Kurz gesagt: Wenn sie nicht den Garten umgestalten, dann pflanzen, ackern, setzen, pflücken, rupfen, zupfen, gießen sie in ihrem grünen Paradies hinter dem Haus. Der einzige, der im Garten auf der faulen Haut liegt, ist Theo, ein Appenzeller Sennenhund. Dessen Schnauze schnüffelt erst wach und aufgeregt, wenn Frauchen und Herrchen in der Outdoorküche brutzeln. Das ist derzeit ein absolutes Muss im Gartenleben: Gas- und Kohlegrill stehen neben einem Holzbackofen für Brot und Pizza. Hier dreht Felix gerne Videos und lässt sich für seinen Blog und neue Rezepte inspirieren – von den täglichen Mahlzeiten, die das Paar auf der Terrasse zelebriert, mal abgesehen.

Natürlich heißt Hund Theo Gäste im Garten genauso willkommen wie Mirjam und Felix. Dass die beiden so gerne für Gäste und Freunde kochen, kommt nicht von ungefähr: 13 Jahre lang engagierte sich das Paar ehrenamtlich für die Jugendarbeit der Kirche und kochte sechs Jahre lang im Sommerlager für die Ferienjugend. Die Liebe zum Kochen hat Felix von seinen Eltern, „die kochten immer wie wild". Genauso Felix und Mirjam in den Ferien, in den verschiedensten Schützenhallen rund um Meschede im Sauerland: Wer 14 Tage lang dreimal täglich für 75 Kinder und 25 Erwachsene Mahlzeiten anrichtet, für den ist die Bewirtung von zwei Handvoll Gästen im Privatgarten ein Kinderspiel. Über das Kochen fürs Ferienlager („450 Fischstäbchen sind eine Herausforderung!") kam Felix übrigens zum Bloggen und Posten seiner Food-Fotos. Als „Amuse-Gueule" oder „Gruß aus der Küche" fotografierte er das Ferienessen noch in der Küche und stellte die „Speisekarte" online auf Facebook. Die Ferienkinder freuten sich aufs Essen und immer mehr Facebookfreunde folgten den verheißungsvollen Fotos. So kam es dann zum Blog „Felix' Kochbook" und zum eigenen Instagram-Kanal. Seit 2016 bloggt Felix regelmäßig. Er hat auch schon am Foodfoto-Workshop bei der Münsteranerin Lisa Nieschlag teilgenommen, einer der führenden Foodbloggerinnen. „Kochen ist ein unendliches Thema", freut sich Felix Schäferhoff jeden Tag wieder aufs Neue und möchte alle daran teilhaben lassen.

Das ist die Geschichte zur Koch-Leidenschaft. Auf das spezielle Thema „Pesto" kam Felix auch im Sauerland. Dort haben Bekannte ein Ferienhaus. Im Frühjahr wandern Mirjam, Felix und Theo regelmäßig an den Wochenenden quer durch die bergigen Wälder. Klar wissen sie, wo im März die Bärlauchfelder blühen und duften – aber verraten wollen sie ihre Geheimecken niemandem. Nur das Rezept für das Bärlauch-Pesto, das steht auf Seite 26.

Was mit dem Bärlauch anfing, setzten die beiden Münsteraner mit der Garten-Ernte und einer großen Portion Experimentierfreude fort: Warum nicht mal die Blätter der Kohlrabi oder die Wurzeln von Petersilie zu Pesto hacken? Das ist Felix' Beitrag zum Thema „Resteverwertung". Das Handorfer Ehepaar ist sich einig: „Pesto ist so vielfältig, es schmeckt zu Spaghetti, Brot oder Fleisch."

Die Jahreszeiten in Felix' Garten bestimmen die Zusammenstellung der Pestos. Die besten Pesto-Rezepte finden Sie auf den nächsten Seiten.

NUDELTEIG

So gut wie jedes Pesto passt zu Nudeln. Und am besten schmecken die selbst gemachten Pasta. Ihre Zubereitung ist gar nicht so schwer. Die Grundregel für Nudelteig ist, dass man pro Person 100 g Mehl und ein Ei nimmt. Dazu kommen etwas Öl und Salz für den Geschmack. Bei Instagram hatte ich mal eine Unterhaltung darüber, welches Mehl man für den Teig nehmen soll. Farina, Semola oder auch Grieß? Ich persönlich nehme einfach Haushaltsmehl Nr. 405. Das kann aber jeder selbst entscheiden. Das Rezept gelingt immer.

ZUTATEN PRO PORTION:

» **100 g Mehl**
» **1 Ei**
» **1 TL Öl**
» **Salz**

1. Die Zutaten zu einem Teig verkneten. Ist er zu trocken, etwas Wasser dazugeben. Ist er zu nass, etwas Mehl zur Hilfe nehmen.

2. Anschließend eine Teigkugel formen und diese mit Frischhaltefolie einwickeln. Für mindestens eine halbe Stunde in den Kühlschrank legen.

3. Danach geht es an die Nudelmaschine. Etwas Teig abnehmen, mit ein bisschen Mehl bestäuben und durch Stufe 1 der Rolle laufen lassen. Den Teig zusammenklappen und wieder bei Stufe 1 durch die Maschine geben. Das mache ich so lange, bis der Teig gleichmäßig und fast rechteckig ist. Dann arbeite ich mich in kleinen Schritten bis zur Stufe 5 der Nudelmaschine vor. Diese hat sich als meine Lieblingsdicke bei Nudeln herausgestellt. Ihr könnt die Nudeln natürlich auch dünner oder dicker machen.

4. Die Nudelteigplatte kommt dann durch den Vorsatz für Tagliatelle und anschließend auf den Trockenständer. Die Nudeln danach in Salzwasser kochen, bis sie oben schwimmen. Nun sind sie gar und können serviert werden.

WUSSTET IHR ...?
... DER TEIG IST SUPER ZUM EINFRIEREN GEEIGNET. MAN KANN ALSO AUCH AUF VORRAT PRODUZIEREN.

DAS PERFEKTE STEAK

Es gibt so viele Arten von Steaks und auch die Zubereitungsmethoden sind sehr vielfältig. Dazu ist der Respekt vor der Zubereitung oft sehr hoch. Ich kann das gut nachvollziehen. Auch bei mir hat es einige Zeit gedauert, bis ich mich einigermaßen sicher gefühlt habe. Auch heute finde ich die Zubereitung noch immer spannend. Dabei ist nicht nur die Methode entscheidend, sondern auch die Fleischqualität. Denn ein gutes Stück Fleisch verzeiht durch seinen einzigartigen Geschmack viel mehr. Mein Lieblingsstück ist das Entrecôte. Seine feine Fettmarmorierung verleiht ihm einen intensiven Rindfleischgeschmack und sticht für mich jedes Filetstück aus.
Für die Zubereitung eignen sich ein Holzkohlen- sowie ein Gasgrill oder eine Grillpfanne aus Gusseisen für den Herd. Ein Backofen oder eine passive Grillzone sind auch notwendig, weil das Steak noch nachziehen muss, bis es die gewünschte Kerntemperatur hat.

ZUTATEN FÜR ZWEI PORTIONEN:

» **2 Stück Entrecôte (ca. 300 g)**
» **Fleur de Sel**
» **Grober Pfeffer**

KERNTEMPERATUREN:

Rare (Englisch) 45-52°C
Medium (Rare) 53-56°C
Medium (Rosa) 57-59°C
Well Done (Durch) 60-63°C

1. Die Steaks möglichst früh von beiden Seiten salzen – mindestens zwei Stunden vor der Zubereitung, aber am besten schon 24 Stunden vorher. So kann das Salz durch das komplette Fleisch ziehen und auch die Mitte bekommt ein leckeres Salzaroma.

2. Etwa zwei Stunden vor der Zubereitung die Steaks abgedeckt im Raum auf Zimmertemperatur bringen. So zieht sich das Fleisch nicht so stark zusammen, wenn es mit der Hitze in Kontakt kommt. Beim Nachziehen braucht es später nicht so lange, bis die gewünschte Kerntemperatur erreicht ist.

3. Wenn die Steaks Zimmertemperatur erreicht haben, den Backofen auf 120°C Ober-/Unterhitze vorheizen und den Grill oder die Pfanne anheizen. Dann die Steaks etwa drei Minuten von jeder Seite scharf angrillen. Es soll eine schöne Kruste entstehen, das Fleisch darf aber natürlich nicht verbrennen.

4. Anschließend die Steaks in den Backofen legen und etwa acht Minuten nachziehen lassen. Noch mal etwa drei Minuten auf einem Holzbrett oder direkt auf dem Teller ruhen lassen. Dann tritt nicht so viel Flüssigkeit beim Anschneiden aus.

Ich empfehle, die Steaks direkt auf dem Brett mit einem scharfen Messer in Tranchen zu schneiden und dann mit etwas grobem Salz und Pfeffer zu würzen. Ich esse dann auch gerne mit den Fingern.

FRÜHLING

JETZT WIRDS GRÜN:

DER FRÜHLING IST DA!

Wenn Felix' Nase bei der ersten Frühjahrswanderung in den Wäldern des Sauerlands knoblauchähnliche Düfte erschnuppert, ist es so weit: Zeit für Bärlauchpesto. Der Bärlauch breitet sich zwischen den Baumstämmen wie ein Teppich aus, die breiten Laubblätter bringen frisches Grün in die winterkahlen Wälder. Von April bis in den Mai blühen die weißen Dolden. Der Duft nach Knoblauch kommt nicht von ungefähr: Bärlauch (Allium ursinum) ist mit Knoblauch, Zwiebel und Schnittlauch verwandt – alles, was Speisen würzt! Die dufte Pflanze liebt Auwälder und Laubwälder. Sie hat es gerne feucht, schattig und humusreich. Gut, dass Münster so nahe am Sauerland liegt. Denn je weiter man in den Norden Deutschlands kommt, desto seltener wird der Bärlauch. In Brandenburg oder Hamburg steht der Bärlauch sogar auf der Roten Liste als „vom Aussterben bedroht". Aber auch im bärlauchreichen Sauerland pflückt Felix vorsichtig und nur für den Eigenbedarf. „Ich ziehe niemals die Zwiebel raus, sondern schneide nur die Blätter ab und lege sie dann vorsichtig in die Jutetasche."

Grün färbt sich langsam auch der Garten in Handorf: In den Hochbeeten sprießen nach und nach Feldsalatblätter der Sonne entgegen. Mangold und Rucola breiten sich aus, die Pestoproduktion ist im Frühjahr also in vollem Gang! Grünes ins Glas – gut, dass sich Pesto lange hält. Denn Felix und Mirjam haben nicht viel Zeit, auf der Terrasse zu sitzen und Spaghetti mit Pesto um die Gabeln zu drehen. Der Garten ruft. Der Kompost muss umgesetzt, die Erde im Hochbeet aufbereitet werden: Nach etwa fünf Jahren wird jeweils ein anderes Hochbeet frisch geschichtet. Unten legt Felix Hasendraht aus, damit keine Wühlmäuse ins Beet kommen. Darauf verteilt er Holzstückchen und dünnere Äste, Erde mit Grasnarbe, dann frischen Kompost und zuletzt die Erde.

Auf den anderen Hochbeeten bleibt der Grünkohl aus dem vergangenen Winter noch stehen. Minze und andere Kräuter wachsen um die Winterzwiebeln herum. Schon im Februar hat Felix Spinat und Radieschen ausgesät. Mit einer Glasplatte hat er das Hochbeet in ein schützendes Frühbeet verwandelt. Ein Mini-Gewächshaus stand vor einigen Jahren sogar im Schlafzimmer. Dort entwickelten sich langsam unter dem Schutz und in der Wärme unter Glas die ersten Tomatenpflanzen und Sonnenblumen. Inzwischen stehen diese vom Aussäen an im Gartengewächshaus. Nachts flackern Grablichter, um etwas Wärme zu spenden.

Nach der Zeit im Frühbeet steht das Vereinzeln der Pflanzen auf der To-do-Liste – spannend, wie sich die Pflänzchen so entwickeln. Währenddessen reihen sich Töpfe mit vorgezogenen Tomaten, Sonnenblumen (die werden im Sommer bis zu drei Meter hoch!) und Kohlsorten im Gewächshaus aneinander. Langeweile kommt im Frühjahr nicht auf. Am wenigsten Kummer und Arbeit bereitet das Kräuterbeet. Das wächst so vor sich hin und Unkrautjäten steht erst später im Jahr auf dem Plan. Die Kräuter bereichern eigentlich fast jedes Pesto!

BÄRLAUCHPESTO

Mit Bärlauch beginnt bei uns das Pestojahr. Wenn wir in unserem geliebten Sauerland durch den Wald gehen, bedeckt die leckere Frühlingspflanze den Boden wie ein großer, grüner Teppich und verströmt ihren typischen, knoblauchähnlichen Duft – herrlich!

ZUTATEN:

» **60 g Pinienkerne**
» **100 g Bärlauch (1 Bund)**
» **Ca. 120 ml Rapsöl**
» **60 g Parmesan**
» **Salz**
» **Pfeffer**

PASST ZU: PASTA, GNOCCHI, FLEISCH

1. Zunächst die Pinienkerne in einer Pfanne ohne Öl und bei mittlerer Hitze anrösten, bis sie eine leichte Bräunung bekommen und man die Röstung riecht. Dann aus der Pfanne nehmen und beiseitestellen.

2. Den Bärlauch grob vorschneiden und ihn mit dem Öl in den Mixer geben. Zu einem feinen Püree mixen.

3. Den Parmesan mit der groben Seite einer Standreibe zerkleinern und ihn mit den Pinienkernen in den Mixer geben. Noch einmal kurz durchmixen, so bleibt die Struktur des Pestos etwas gröber und schön knackig.

4. Mit Salz und Pfeffer abschmecken und das Pesto auf Nudeln oder zu Fleisch servieren.

WUSSTET IHR ...?
... BÄRLAUCH IST NICHT NUR IM DEUTSCHEN NACH DEM BÄREN BENANNT. DER BÄR IST IN EINIGEN KULTUREN SYMBOL FÜR KRAFT UND STÄRKE UND GIBT VIELEN HEILSAMEN PFLANZEN IHREN NAMEN. SO SAGT MAN, DASS DAS KNOBLAUCHKRAUT FRÜHER DIE BÄREN NACH DEM WINTERSCHLAF WIEDER FIT MACHTE.

FELDSALATPESTO

Feldsalat ist einfach super, weil er ganzjährig zu erhalten und auch super einfach im Garten oder auf dem Balkon anzupflanzen ist. Er gehört zu den ersten Leckereien, die wir aus dem Garten ernten können. Außerdem ist er unglaublich gesund und dazu mit seinem nussigen Geschmack auch noch echt lecker. Mit den Walnüssen aus dem letzten Herbst starten wir auch im Garten mit dem Feldsalatpesto ins Pesto-Jahr.

ZUTATEN:

- **100 g Feldsalat**
- **75 ml Olivenöl**
- **50 g Walnüsse**
- **40 g Parmesan**
- **1 Knoblauchzehe**
- **Salz**
- **Pfeffer**

PASST ZU: PASTA, GNOCCHI, FLEISCH

1. Den Feldsalat zunächst putzen und die unschönen Blätter aussortieren. Dann einmal durchwaschen und gut abtrocknen.
2. Feldsalat mit dem Olivenöl im Mixer schön fein vorpürieren.
3. Dann die Walnüsse, den Käse und den Knoblauch hinzugeben. Ein paar Mal kurz durchmixen, sodass die Nuss- und Parmesanstücke dem Pesto eine knackige, grobe Struktur verleihen.
4. Mit Salz und Pfeffer abschmecken.

WUSSTET IHR ...?
... FELDSALAT IST EINE DER NÄHRSTOFFREICHSTEN SALATSORTEN AUF DEM MARKT. SIE UNTERSTÜTZT DEN SEHVORGANG, STÄRKT DAS IMMUNSYSTEM UND DIE KNOCHEN.

SPINATPESTO

Spinat ist eines der ersten Gemüse, das man im Jahr aussäen kann. Schon ab Februar ist es möglich, die Samen ins Beet zu streuen. Bereits ein paar Wochen später kann man Spinat zum ersten Mal ernten.

ZUTATEN:

» **50 g frischer Blattspinat**
» **1 Schalotte**
» **2 getrocknete Tomaten in Öl**
» **100 ml Rapsöl**
» **2-3 EL Tomatenöl**
» **50 g Pistazien**
» **30 g Parmesankäse**
» **Salz**
» **Pfeffer**

PASST ZU: GERÖSTETEM BROT, NUDELN, TOPPING VON SUPPEN

1. Den frischen Spinat einmal durchwaschen und dann gut abtrocknen. Die Schalotte schälen und grob würfeln. Die getrockneten Tomaten grob hacken.

2. Den Spinat mit der Schalotte, den getrockneten Tomaten, dem Rapsöl und etwas Tomatenöl in einen Mixer geben und gut durchpürieren.

3. Anschließend die Pistazien mit in den Mixer geben und kurz durchmixen, bis die Kerne grob gehackt sind.

4. Den Käse mit einer Standreibe zerkleinern und dann unter das Pesto heben. Nach Belieben noch mal mixen.

5. Zum Schluss mit Salz und Pfeffer abschmecken.

WUSSTET IHR ...?

... DER MYTHOS, DASS SPINAT EIN SEHR GUTER EISENLIEFERANT IST, BERUHT AUF EINER FALSCHEN BERECHNUNG DES SCHWEIZERS GUSTAV VON BUNGE. SIE BEZOG SICH AUF GETROCKNETEN UND NICHT AUF FRISCHEN SPINAT. NICHTSDESTOTROTZ IST SPINAT DEUTLICH EISENREICHER ALS ANDERES GEMÜSE UND DAZU NOCH ECHT LECKER!

KRÄUTERPESTO

Viele Kräuter sind bei uns im Garten ganzjährig verfügbar. Sogar die mediterranen Kräuter überwintern problemlos draußen oder auf der Fensterbank. So kann man eigentlich das ganze Jahr über Kräuterpestos machen. Aber vor allem im Frühling, wenn die frischen Kräuter sprießen, macht es besonders viel Spaß.
Dieses Pesto erinnert etwas an das südamerikanische Chimichurri und kann auch genauso verwendet werden (Chimichurri S. 102).

ZUTATEN:

» **30 g gehackte Mandeln**
» **8 Stiele Basilikum**
» **6 Stiele Thymian**
» **5 Stiele Oregano**
» **1 Hand glatte Petersilie = also insgesamt ca. 30 g frische Kräuter**
» **1 Knoblauchzehe**
» **100 ml Olivenöl**
» **Abgeriebene Schale einer halben Bio-Zitrone**
» **20 g Parmesan**
» **Salz**
» **Pfeffer**

1. Zunächst die gehackten Mandeln ohne Öl in einer Pfanne anrösten. Anschließend beiseitestellen und abkühlen lassen.

2. Dann die Kräuter waschen und trocken schütteln. Die Blätter von den Stielen zupfen, grob hacken und in einen Mixer geben. Die Knoblauchzehe schälen, grob hacken und mit dem Öl hinzufügen. Alles zu einer feinen Creme pürieren.

3. Die Schale der Bio-Zitrone abreiben und auch den Parmesan mit einer Standreibe grob zerkleinern. Beides mit den Mandeln unter die Creme rühren und mit Salz und Pfeffer abschmecken.

PASST ZU: FLEISCH, ALS KRÄUTERBUTTER VERARBEITET, ALS BROTAUFSTRICH

WUSSTET IHR ...?
... DER ANBAU UND DIE VERWENDUNG VON KRÄUTERN SIND FAST SO ALT WIE DIE MENSCHHEIT. KRÄUTER WERDEN NICHT NUR IN DER KÜCHE ALS GESCHMACKSGEBER VERWENDET, SONDERN KOMMEN AUCH AUFGRUND IHRER UNTERSCHIEDLICHEN WOHLTUENDEN WIRKSTOFFE IN DER HEILKUNDE ZUM EINSATZ.

SPARGELPESTO

Das Frühjahr ist in vollem Gange, wenn die Spargelsaison beginnt. Überall bei uns in der Umgebung sprießen die Stangen aus dem Boden. Da lag es für mich natürlich nahe, das edle Gemüse auch als Pestovariante zu probieren. Was soll ich sagen – lecker!

ZUTATEN:

» **250 g grüner Spargel**
» **1 EL Salz**
» **1 EL Zucker**
» **30 g Pinienkerne**
» **½ Bund Petersilie**
» **50 g Parmesan**
» **80 ml Sonnenblumenöl**
» **Salz**
» **Pfeffer**

PASST ZU: PASTA, ALS BROTAUFSTRICH, ALS KARTOFFELTOPPING

1. Den grünen Spargel waschen, die Enden abschneiden und dann grob in Stücke schneiden.
2. Wasser in einem Topf zum Kochen bringen und Salz und Zucker darin auflösen. Die Spargelstücke darin für ca. fünf Minuten kochen. Anschließend abschrecken, abtropfen und erkalten lassen.
3. In der Zwischenzeit die Pinienkerne in einer beschichteten Pfanne ohne Fett anrösten.
4. Die Petersilie waschen und trocken schütteln. Anschließend grob hacken.
5. Die Spargelstücke, Pinienkerne, Petersilie, Parmesan und das Sonnenblumenöl in einen Mixer geben und zu einem cremigen Pesto vermixen.
6. Mit Salz und Pfeffer abschmecken.

WUSSTET IHR …?
… JE BUNTER, DESTO GESÜNDER. GRÜNER SPARGEL ENTHÄLT IM GEGENSATZ ZU SEINEM WEIßEN BRUDER REICHLICH VITAMIN A. DER FARBSTOFF IN VIOLETTEM SPARGEL SOLL SOGAR EINE ZELLSCHÜTZENDE WIRKUNG HABEN.

PETERSILIENPESTO

Petersilie steht das ganze Jahr über zur Verfügung. Entweder im Bund beziehungsweise Topf, aus dem Laden oder im eigenen Gemüsebeet. Im Winter friert sie nicht kaputt und so keimt sie früh im Jahr auch wieder aus. Am schönsten ist sie im Spätfrühling und im Sommer. Ob in Salaten oder als Garnitur auf jeglichen Rezepten, Petersilie verleiht immer eine gewisse Frische. Im Pesto mit Walnüssen erinnert sie an das klassische Pesto alla Genovese (sh. S. 58).

ZUTATEN:

» **1 Bund Petersilie**
» **1 Knoblauchzehe**
» **100 ml Öl**
» **40 g Walnüsse**
» **50 g Parmesan, gerieben**
» **Zitronensaft**
» **Salz**
» **Pfeffer**

1. Den Bund Petersilie grob vorhacken. Dabei können auch die dünnen, oberen Stiele mitverarbeitet werden. Nur die dicken, unteren Stiele grob abschneiden.

2. Dann die Knoblauchzehe schälen und vierteln.

3. Beides zusammen mit dem Öl und etwas Salz in den Mixer geben und zu einer grünen Creme pürieren. Dann die Walnüsse hinzugeben und mixen, bis sie grob gehackt sind.

4. Jetzt den Parmesan dazugeben und kurz durchmixen. Anschließend mit dem Zitronensaft und gegebenenfalls etwas Salz und Pfeffer abschmecken.

PASST ZU: NUDELN, SALAT, BURGERN

WUSSTET IHR ...?
... PETERSILIE IST EIN ANSPRUCHSLOSES KÜCHENKRAUT UND WÄCHST SOGAR IM TOPF AUF DER KÜCHENFENSTERBANK. SIE IST SEHR GESUND UND ENTHÄLT VIEL VITAMIN C. GESCHNITTEN WIRD PETERSILIE IMMER VON AUßEN NACH INNEN. SO KÖNNEN NEUE TRIEBE NACHWACHSEN.

SOMMER

PRALL UND SAFTIG SCHMECKT DER

SOMMER AUS DEM GLAS

„Jetzt geht es rund!", freuen sich Felix und Mirjam über die Sommerzeit. Viel Freude, viel Farbe, aber auch viel Arbeit bringt der Garten mit sich. Unkrautjäten und Rasenmähen sind unabdingbar, um überhaupt an die Hochbeete ranzukommen. Zeit fürs Düngen – gut, dass es einige Pferde in der Familie gibt, die Mist liefern. Den mischen Mirjam und Felix mit Erde und verteilen den Mix anschließend auf den Beeten. Herrlich ist der Sommer, denn viele Früchte und Gemüsesorten sind erntereif. Auch wenn Salatköpfe für Pesto nicht taugen, sind sie Frischebringer und liefern die Blätter für Felix' Lieblingsspeise: Burger, in ähnlich vielen Variationen wie seine Pestorezepte.

Im Sommer wuchert so viel. Erbsen werden reif, Kürbispflanzen schlängeln sich durchs Beet. Der Basilikum explodiert und duftet vor sich hin. Gefühlt findet alle zwei Tage die Zucchiniernte statt. Felix und Mirjam werden experimentierfreudig: Was kann man alles verwerten? Wie schmeckt eigentlich Pesto aus dem Grün der Möhren oder aus Kohlrabiblättern? Gut! Wie macht sich die Maggipflanze, nachdem sie zerhäckselt ist? Bestens! „So manches Experiment geht auch schief: Giersch und Brennnesseln haben wir zum Beispiel von unserer Rezeptliste gestrichen", geben die zwei Gartenfreunde aus Münster-Handorf zu.

Jeder Nutzgarten hat seine Blumenseiten: Natürlich leuchten auch bei Felix und Mirjam Ringel- und Mohnblumen in den Beeten. „Fürs Auge", sagen die zwei und kümmern sich aber noch lieber um die Zwiebelpflanzen, die sie inzwischen aus Samen ziehen. Das ist praktisch, weil die ätherischen Öle der Zwiebelpflanze ganz natürlicher Ungezieferschutz sind: Die Kohlweißlinge scheuen den Geruch und verduften.

An langen Sommerabenden trägt Felix die Feuertonne in den Garten. Auf dem Grillrost brutzelt ein Rindersteak, die Gäste sitzen um das Feuer. „Mit dem entsprechenden Pesto entscheidet sich die Richtung des Geschmacks", findet Felix. Und was ist eigentlich mit all den Beeren im Sommer? Ergeben die nicht auch ein vortreffliches Pesto? „Das heißt dann einfach ‚Marmelade'!", sagt Felix und muss schmunzeln.

RUCOLAPESTO

Lange hat man „Rauke" in Deutschland angebaut. Irgendwann ist das aromatisch-scharfe Grünkraut aber in Vergessenheit geraten. Erst in den 80er Jahren hat es seinen Rückweg aus dem Mittelmeerraum zu uns angetreten – dann unter dem Namen „Rucola". Heutzutage wird das Kraut oft in der mediterranen Küche verwendet und findet sich in vielen sommerlich-leichten Gerichten. Hier kommt es als Pestovariante mit selbst gemachter Pasta daher.

ZUTATEN:

» 50 g Pinienkerne
» 2 kleine Bünde Rucola
» 1 Knoblauchzehe
» 150 ml Öl
» 80 g Pecorino
» Salz
» Pfeffer

PASST ZU: PASTA, FLEISCH, FRISCHEM BROT ODER ALS TOPPING AUF BRUSCHETTA

1. Die Pinienkerne in einer beschichteten Pfanne anrösten und kurz erkalten lassen.
2. Die Rucolablätter waschen, trocken schütteln und grob zerkleinern.
3. Die Knoblauchzehe schälen und grob hacken.
4. Rucola mit dem Knoblauch und dem Öl in einen Mixer geben und cremig pürieren.
5. Den Pecorino grob zerkleinern und mit den Pinienkernen zur Masse geben.
6. Alles noch einmal kurz durchmixen und mit Salz und Pfeffer abschmecken.

WUSSTET IHR ...?
... RUCOLA SCHMECKT OFT ETWAS BITTER. WER ES MILDER MAG, SOLLTE DIE RAUKE MÖGLICHST FRÜH ERNTEN, WENN DIE BLÄTTER NOCH KLEIN UND DIE STIELE ZART SIND.

KOHLRABIBLATTPESTO

Von der Kohlrabi kennen ja die meisten nur die Knolle. Die Blätter der Pflanze sind für viele einfach Meerschweinchenfutter oder werden direkt im Laden zurückgelassen. Aber aus ihnen kann man ein wunderbares, leicht scharfes Pesto herstellen.

ZUTATEN:

» **Blätter von 1-2 Kohlrabi (ca. 100 g)**
» **150 ml Olivenöl**
» **Salz**
» **Pfeffer**
» **Saft von 1/2 Limette**
» **50 g Mandeln**
» **75 g Parmesan**
» **Je nach Geschmack und Verwendung: eine Knoblauchzehe**

PASST ZU: GERÖSTETEM BROT, KOHLRABISCHNITZELN, NUDELN

---

1. Die Blätter von der Kohlrabiknolle abtrennen, die dicken Stiele aus den Blättern schneiden und dann grob hacken. So passen sie besser in den Mixer.

2. Die gehackten Kohlrabiblätter, Olivenöl, Salz, Pfeffer und Limettensaft in den Mixer geben und alles zu einer feinen Paste pürieren. Falls Ihr Knoblauch benutzt, gebt auch diesen jetzt hinzu. Mit dem Salz noch etwas sparsam sein, da der Parmesan später noch Geschmack gibt.

3. Jetzt die Mandeln dazugeben und kurz mitmixen, bis sie grob gehackt sind.

4. Den Parmesan mit einer Standreibe hobeln und unter das Pesto heben.

5. Nun noch mal mit Salz und Pfeffer abschmecken.

WUSSTET IHR ...?
... KOHLRABIBLÄTTER KANN MAN BEIM GRILLEN SUPER ALS ERSATZ FÜR ALUFOLIE VERWENDEN UND DARIN ZUM BEISPIEL GEMÜSEPÄCKCHEN ODER FISCH EINWICKELN. MAN KANN SIE SOGAR MITESSEN.

MANGOLDPESTO

Mangold ist ein sehr ergiebiges Gartengemüse: Man pflückt immer nur die äußeren Blätter und lässt die Pflanze einfach weiterwachsen. So kann man Mangold von Anfang Mai bis spät in den Herbst fast dauerhaft ernten. Besonders schön ist der fünffarbige Mangold, der auch als Zierpflanze genutzt wird. So verwende ich in diesem Rezept auch die frisch geernteten, bunten Mangoldblätter. Man bekommt sie aber natürlich auch auf dem Wochenmarkt.

ZUTATEN:

» **150 g Mangoldblätter**
» **1 Stiel Rosmarin**
» **1 Knoblauchzehe**
» **50 ml Olivenöl**
» **3 EL Kürbiskerne**
» **80 g Emmentaler**
» **Etwas Zitronensaft**
» **Salz**
» **Pfeffer**

PASST ZU: PASTA, BULGURSALAT, GERÖSTETEM BROT

---

1. Die Mangoldblätter waschen und die Stiele unten abschneiden. Die Blätter etwas zerrupfen und in heißem Salzwasser für zwei Minuten blanchieren. Anschließend abgießen, gut abtropfen und abkühlen lassen. Die Blätter zwischendurch wenden, damit sie schneller kalt werden.
2. Nun die Rosmarinnadeln vom Stiel pflücken und den Knoblauch schälen.
3. Rosmarin und Knoblauch zusammen mit den Mangoldblättern und dem Olivenöl in den Mixer geben. So lange pürieren, bis eine glatte Masse entstanden ist.
4. Die Kürbiskerne in einer Pfanne ohne Öl kurz anrösten und dann in einem Mörser zerstoßen. Den Emmentaler mit einer Standreibe grob zerkleinern.
5. Mangoldpüree, Kürbiskerne und Käse in einer Schüssel gut durchmischen.
6. Anschließend mit etwas Zitronensaft, Salz und Pfeffer abschmecken.

WUSSTET IHR ...?

... DIE MANGOLDWURZEL WURDE FRÜHER ZUR ZUCKERGEWINNUNG GENUTZT. MANGOLD ENTHÄLT VIEL VITAMIN K, A UND E.

ERBSENPESTO

Erbsen säen wir im Frühjahr ins Beet. Sie keimen und wachsen zügig, sind recht pflegeleicht und sehen mit einer netten Rankhilfe auch echt hübsch aus im Garten. Wenn Ihr keine frischen Erbsen zur Verfügung habt, könnt Ihr auch TK-Erbsen nutzen. Der hohe Zuckergehalt der Erbsen gibt dem Pesto einen leckeren, süßlichen Geschmack. In der Verarbeitung kann man sehr kreativ werden.

ZUTATEN:

» **250 g Erbsen (frisch oder TK)**
» **100 ml Olivenöl**
» **Saft einer halben Limette**
» **Limettenabrieb**
» **50 g Pistazien, geröstet und ungesalzen**
» **60 g Parmesan**
» **Salz**
» **Pfeffer**

PASST ZU: GERÖSTETEM BROT, ANGEBRATENEM GEMÜSE, ALS TOPPING AUF SUPPEN

1. Frische Erbsen aus den Hülsen pulen und anschließend für ca. 10 Minuten in kochendem Wasser garen. TK-Erbsen in einem Topf mit kochendem Wasser übergießen und für etwa 10 Minuten weich kochen. Anschließend durch ein Sieb abgießen und abkühlen lassen.

2. Die abgekühlten Erbsen mit dem Olivenöl, dem Limettensaft und dem Limettenabrieb in einen Mixer geben und gut durchpürieren.

3. Dann die Pistazien hinzufügen und noch mal mixen, bis sie grob gehackt sind.

4. Den Parmesan grob reiben und unterrühren.

5. Anschließend mit Salz, Pfeffer und gegebenenfalls noch etwas Limettensaft abschmecken.

WUSSTET IHR …?
… VON ALLEN HÜLSENFRÜCHTEN LIEFERN ERBSEN AM MEISTEN EIWEIß. IM GETROCKNETEN ZUSTAND LIEGT IHR EIWEIßGEHALT BEI CA. 20%. SOMIT WERDEN SIE IN DER VEGANEN / VEGETARISCHEN KÜCHE GENUTZT, UM TIERISCHES EIWEIß ZU ERSETZEN.

SESAM-KORIANDER-PESTO

Bei Koriander scheiden sich ja die Geister. Während das asiatische Kraut für die einen seifig schmeckt, vergöttern die anderen es. So auch bei uns zu Hause. Mich kann man mit Koriander jagen, aber meine Frau würde am liebsten jedes zweite Gericht mit Koriander verfeinern. Von ihr stammt auch das folgende Rezept: Sesam-Koriander-Pesto, hier mit Reisnudeln und gebratenem Rotbarsch.

ZUTATEN:

- **1 Bund Koriander**
- **3 EL geschälter Sesam**
- **Eine Bio-Limette (Zesten und Saft)**
- **100 ml Sesamöl**
- **1 EL Koriandersaat**
- **Salz**
- **Pfeffer**

PASST ZU: PASTA ODER REIS, FISCH, SOMMERROLLEN

1. Den frischen Koriander waschen und trocken schütteln. Anschließend grob hacken.
2. Den Sesam vorsichtig in einer beschichteten Pfanne ohne Öl anrösten, bis er duftet.
3. Mit einem Zestenreißer die Schale der Limette entfernen. Limette auspressen und den Saft auffangen.
4. Die gehackten Kräuter zusammen mit den Limettenzesten, dem Limettensaft, dem Sesamöl und der Koriandersaat in einen Mixer geben und gut durchmixen.
5. Zum Schluss noch den gerösteten Sesam mitmixen und mit Salz und Pfeffer abschmecken.

WUSSTET IHR ...?
... DAS „KORIANDER-PHÄNOMEN“ IST GENETISCH. WENN DAS GRÜNZEUG, WIE BEI MIR, EINFACH SEIFIG SCHMECKT, DANN LIEGT DAS AN DER VERANLAGUNG. DAGEGEN KANN MAN NICHTS TUN.

GREMOLATA

Gremolata ist kein Pesto im eigentlichen Sinne, die Zubereitung ist aber ähnlich. Zu gutem Fleisch ist diese Gewürzmischung so passend, dass das Rezept in diesem Buch nicht fehlen darf. Mit wenig Öl und ohne Käse ist Gremolata eine frische, leichte Gewürzsoße. Im Gegensatz zu den übrigen Pestorezepten wird Gremolata nicht gemixt und nach der Zubereitung direkt auf das Gericht gegeben.

ZUTATEN:

- **1 Bund Petersilie**
- **2 Knoblauchzehen**
- **Abrieb einer Zitrone oder Limette**
- **5 EL Olivenöl**
- **Meersalz**
- **Wahlweise noch frische, rote Chili**

PASST ZU: STEAK (SIEHE „DAS PERFEKTE STEAK" AUF SEITE 18), OSSOBUCO, KARTOFFELAUFLAUF

1. Zunächst die Petersilie von den unteren Stielen trennen. Die Blätter und die dünnen, oberen Stiele ganz fein mit dem Messer hacken. Anschließend in eine Schüssel geben.

2. Die Knoblauchzehen schälen, in feine Würfel schneiden und mit der Petersilie mischen.

3. Mit einer feinen Reibe oder einem Zestenreißer die Schale der Zitrone oder Limette abreiben und zusammen mit dem Öl unterrühren. Mit Meersalz würzen und noch einmal gut durchrühren. Damit das Meersalz sich etwas auflösen kann, etwa eine halbe Stunde stehen lassen.

4. Wer es gerne scharf mag, kann auch noch eine frische, rote Chili fein hacken und in die Gremolata rühren.

WUSSTET IHR ...?
... GREMOLATA IST DAS TRADITIONELLE TOPPING FÜR OSSOBUCO – EIN KÖSTLICHES SCHMORGERICHT AUS DER BEINSCHEIBE VON DER KALBSHACHSE.

MÖHRENGRÜNPESTO

Möhren gehören zu den ältesten heimischen Gemüsearten. Sie sind besonders süß und knackig, wenn man sie frisch erntet. Auch wir haben einige Arten in unserem Garten angebaut. Und wer hätte das gedacht – sogar das Möhrengrün schmeckt! Besonders lecker ist es in diesem Pestorezept. Haselnussöl gibt dem Ganzen noch einen extra Kick.

ZUTATEN:

» **50 g Karottengrün**
» **40 g Kürbiskerne**
» **60 g Grana Padano**
» **2 EL Haselnussöl**
» **100 ml Olivenöl**
» **100 ml Sonnenblumenöl**
» **Salz**
» **Pfeffer**

PASST ZU: PASTA, MÖHRCHEN, FLEISCH ODER ALS BROTAUFSTRICH

1. Möhrengrün waschen und gut trocken schütteln. Grob in Stücke schneiden und in den Mixer geben.

2. Die Kürbiskerne in einer Pfanne rösten und etwas abkühlen lassen.

3. Grana Padano in Stücke schneiden und mit den Ölen in den Mixer geben.

4. Nun alle Zutaten fein pürieren. Wer es etwas flüssiger mag, kann einfach mehr Öl hinzugeben.

5. Mit Salz und Pfeffer abschmecken.

WUSSTET IHR …?
… MÖHREN SOLLTE MAN KÜHL LAGERN. ABER NICHT ZU KÜHL, DENN BEI FROST WECHSELT DER LECKERE, SÜẞE IN EINEN SEIFIGEN GESCHMACK. AM BESTEN ESST IHR DIE KNACKIGEN DINGER EINFACH SOFORT.

PESTO ALLA GENOVESE

Pesto aus Genua, also Pesto alla Genovese, ist der Klassiker unter den Würzsoßen. Wird es aus frischen Zutaten zubereitet, hat es nichts mit der Fertigsoße im Glas zu tun. Ursprünglich hat man das Pesto aus nur sechs Zutaten im Mörser hergestellt. Aber wenn es schnell gehen soll, nehme ich auch gerne den Mixer.

ZUTATEN:

» **2 Töpfe Basilikum**
» **100 ml Olivenöl**
» **50 g Pinienkerne**
» **1 Knoblauchzehe**
» **50 g Parmesan**
» **Meersalz**

PASST ZU: PASTA, FLEISCH, ANGEBRATENEM GEMÜSE

1. Zunächst die Blätter vom Basilikum zupfen und mit etwa der Hälfte des Öls in einen Mixer geben.

2. Die Pinienkerne in einer gut beschichteten Pfanne ohne weiteres Öl anrösten, dann beiseitestellen und abkühlen lassen.

3. Die Knoblauchzehe schälen und mit dem Parmesan und dem Meersalz in den Mixer geben. Alles gut pürieren, bis eine glatte Masse entstanden ist.

WUSSTET IHR ...?
... DAS ERSTE PESTOREZEPT AUS DEM JAHR 1863 LAUTET WIE FOLGT:
„MAN NIMMT EINE KNOBLAUCHZEHE, BASILIKUM (FALLS NICHT VORHANDEN: MAJORAN UND PETERSILIE), GERIEBENEN HOLLÄNDISCHEN KÄSE UND PARMESAN SOWIE PINIENKERNE UND ZERREIBT ALLES ZUSAMMEN MIT WENIG BUTTER IN EINEM MÖRSER, BIS EIN BREI ENTSTANDEN IST. DIESEN VERMISCHT MAN ANSCHLIEßEND MIT REICHLICH OLIVENÖL. MIT DIESER MISCHUNG WERDEN LASAGNE UND GNOCCHI (TROFFIE) ANGERICHTET, WOBEI MAN ETWAS HEIßES, UNGESALZENES WASSER DAZUGIBT, UM DIE MISCHUNG FLÜSSIGER ZU MACHEN."
- GIOVANNI BATTISTA RATTO: LA CUCINIERA GENOVESE OSSIA LA VERA MANIERA DI CUCINARE ALLA GENOVESE -

SCHNITTLAUCHPESTO

Irgendwann wusste ich nicht mehr, wohin mit dem ganzen Schnittlauch bei uns im Garten. Aber wenn neben dem normalen Pesto auch Varianten mit Bärlauch oder sogar Kohlrabiblättern schmecken, kann es doch auch mit Schnittlauch funktionieren. Gesagt, getan. Hier ist das Ergebnis:

ZUTATEN:

» **80 g frischer Schnittlauch**
» **1 Knoblauchzehe**
» **Ca. 100 ml Olivenöl**
» **100 g Parmesankäse (grob gerieben)**
» **80 g Walnüsse (oder Eure Lieblingsnüsse)**
» **Salz**

1. Den Schnittlauch waschen, grob schneiden und in ein Püriergefäß geben. Knoblauch schälen und kurz durchhacken.

2. Schnittlauch, Knoblauch und Öl zu einer cremigen Masse mixen. Den Käse mit der groben Seite der Standreibe hobeln und die Nüsse im Mörser zerkleinern.

3. Anschließend den Käse und die Nüsse unter die Masse heben und mit Salz abschmecken.

PASST ZU: KARTOFFELN, ALS BROTAUFSTRICH, NUDELN, GEFLÜGEL, VERDÜNNT ALS SALATSOBE

WUSSTET IHR …?
… AUCH DIE BLÜTEN DES SCHNITTLAUCHS SIND ESSBAR. SIE MACHEN SICH HERVORRAGEND AUF JEDEM TELLER ALS DEKORATION, DIE SICH AUCH VERSPEISEN LÄSST.

PAPRIKA-PETERSILIE-PESTO

„Aivar" ist ein Mus aus Paprika oder Auberginen und Paprika. Man nennt es auch „Gemüsekaviar". Das Würzmus wollte ich gerne mit Petersilie kombinieren – im Sommer explodiert sie bei uns im Garten förmlich. Entstanden ist eine frische Pestovariation. Da das Paprikamus bereits viel Flüssigkeit mitbringt, benötigt man weniger Olivenöl. Durch die Wahl des Aivars kann man den Schärfegrad selbst bestimmen.

ZUTATEN:

» **1/4 rote Paprika**
» **20 g Parmesan**
» **15 g Petersilie**
» **15 g Mandelstifte**
» **30 g Aivar (mild oder scharf)**
» **3 EL Olivenöl**
» **Salz**
» **Pfeffer**

1. Zunächst die Paprika und den Parmesan klein schneiden und die Petersilie grob vorhacken.
2. Die Mandelstifte in einer beschichteten Pfanne ohne Öl kurz anrösten und dann auf einem Teller abkühlen lassen.
3. Dann alle Zutaten in einen Mixer geben und so lange mixen, bis eine gleichmäßige Creme entstanden ist. Zum Schluss noch mit Salz und Pfeffer abschmecken.

PASST ZU: TORTELLINISALAT, KOHLRABISUPPE, TACOS

WUSSTET IHR …?
… MIT BIS ZU 100 MG VITAMIN C AUF 100 G HAT PETERSILIE MEHR VITAMIN C ALS SO MANCHE ZITRUSFRUCHT.

HERBST

HARTE SCHALE, WEICHER KERN:

HERBST

IST NUSS-ZEIT!

Ein Hoch auf den Nachbarn und auf das Ferienhaus im Sauerland: Dort steht jeweils ein Walnussbaum. „In zehn Minuten sammele ich den Jutebeutel voll", prahlt Felix. Auf den Wochenmärkten sucht er nach Maronen. Den Geschmack haben Mirjam und Felix auf einer ihrer Wohnmobiltouren für sich entdeckt. Im Elsass und in der Pfalz gibt es diese essbaren Früchte der Edelkastanie. In der Pfalz sagt man „Keschde" dazu, krönt die dazugehörige Kastanienprinzessin, veranstaltet „Keschdewanderungen" durch Kastanienwälder und zaubert aus den Kastanien Suppen, Bratwurst, Saumagen, Knödel, Kuchen, Crêpes, Honig, Eis und vieles mehr. Auch gerne flüssig als Likör. Felix hat es lieber halbflüssig und sämig – als Pesto.

Seit dem Spätsommer ist Kürbiszeit. Hokkaido oder Butternut verarbeitet Felix. Die Gartenarbeit geht in einem fort: die letzte Mangoldernte, Zeit, den Grünkohl und den Rosenkohl ins Beet zu setzen. Erfolgreich ist das Paar auch mit der Ernte der geliebten Buschbohnen.

Der Herbst ist noch einmal ein Finale, ein Abschlussfeuerwerk der Farben, Gerüche und Geschmäcker: Die Astern blühen und der Tulpenbaum färbt sich gelb.

APFELPESTO

In der schönen, bunten Herbstzeit gibt es reichlich Obst und Gemüse. In den Gärten warten die vollen Apfelbäume auf die Ernte. Wir haben selbst leider kein Exemplar, bekommen im Herbst aber oft einen Eimer voll Äpfel von Freunden. Auch auf dem Wochenmarkt gibt es tolle, regionale Sorten. Ob süß oder sauer – für jeden Pesto-Geschmack ist etwas dabei.

ZUTATEN:

» 100 g Mandeln
» 1/2 Bund Petersilie
» 1 Apfel
» 20 g getrocknete Apfelringe
» 100 ml Öl
» Salz
» Pfeffer
» Optional: 100 g Bergkäse

PASST ZU: KÜRBISSUPPE, WILD, SÜßSPEISEN, PFANNKUCHEN

1. Zuerst die Mandeln in einer Pfanne anrösten, bis sie schön duften. Dabei ständig wenden, denn sie brennen sehr schnell an. Anschließend grob hacken.

2. Die Petersilie einmal abwaschen, dann wieder gut abtrocknen und die Blätter von den Stielen zupfen.

3. Den Apfel schälen, das Gehäuse entfernen und das Fruchtfleisch grob würfeln. Auch die Apfelringe in kleine Stücke schneiden.

4. Nun alle Zutaten in den Mixer geben und das Ganze pürieren, bis eine glatte Masse entstanden ist.

Variante: Dieses Pesto kann man auch herzhafter zubereiten. Einfach vor dem Mixen den Bergkäse hinzufügen, so passt das Pesto auch hervorragend zu deftigen Gerichten.

WUSSTET IHR ...?
... DER APFEL IST DAS BELIEBTESTE OBST DER DEUTSCHEN. DAVON ISST JEDER BUNDESBÜRGER CA. 30 KG IM JAHR.

BROKKOLIPESTO

Brokkoli ist nicht jedermanns Fall. Trotzdem möchte ich auch Brokkoli-Gegnern empfehlen, dieses leckere Pesto einmal zu probieren. Denn nicht nur geschmacklich und farblich ist das Gemüse der Knaller, es ist auch eine echte Vitaminbombe. Brokkoli ist ein relativ unkompliziertes Kohlgemüse und kann beinahe ganzjährig geerntet werden. Bei uns ist es meist Richtung Herbst so weit.

ZUTATEN:

- **1 Brokkoli ca. 500 g (nur die Röschen werden benötigt)**
- **1 Knoblauchzehe**
- **120 ml Olivenöl**
- **(Wahlweise noch 50 g Rauke, um dem Pesto Schärfe zu verleihen)**
- **50 g geschälte Mandeln**
- **50 g Parmesan**
- **Salz**
- **Pfeffer**

PASST ZU: NUDELN, SALAT, SCHNITZELN, HÄHNCHENBRUST

1. Als erstes die Brokkoliröschen vom Stiel abschneiden und in einem Topf mit kochendem Wasser übergießen. Ca. 5-8 Minuten ziehen und anschließend gut abtropfen lassen, damit das Wasser aus der feinen Struktur der Röschen heraustropfen kann.

2. Den Knoblauch schälen, grob vorhacken und dann mit dem Brokkoli und dem Olivenöl in einen großen Mixer geben. Alles pürieren, bis eine glatte Masse entstanden ist. Wer dem Pesto noch etwas Schärfe verleihen möchte, gibt noch etwa 50 g Rucola hinzu und püriert ihn mit.

3. Nun die Mandeln hinzugeben und noch mal kurz durchmixen, bis sie alle einmal angestoßen wurden.

4. Dann den Parmesankäse reiben und ihn unter das Pesto heben.

5. Zum Schluss mit Salz und Pfeffer abschmecken.

WUSSTET IHR ...?
... BROKKOLI IST AUCH ALS SPROSSE SEHR VIELSEITIG VERWENDBAR UND GESUND. DER STIEL IST ESSBAR. WENN IHR IHN KURZ KOCHT, IN SCHEIBEN SCHNEIDET UND DANN PANIERT, KANN MAN IHN WIE EIN SCHNITZEL BRATEN. ECHT LECKER - VOR ALLEM MIT BROKKOLIPESTO!

SÜßES MINZPESTO

Von süßen Pestovarianten hört man ja eher selten. Aber dieses Pesto kommt gänzlich ohne Käse aus und ist daher auch gut zu Süßspeisen kombinierbar. Wer, so wie wir, sehr viele verschiedene Minzsorten im Garten hat, überlegt sich zwangsläufig, was für Leckereien abseits von Tee oder Cocktails man mit dem Gartenkraut zaubern könnte. Daher war es für uns klar, dass die Minze auch als eine Pestovariation in unser Sortiment aufgenommen wird. Die karamellisierten Walnüsse geben dem Ganzen noch das gewisse Etwas. Und so gehts:

ZUTATEN:

» **80 g Walnüsse**
» **6 cl Ahornsirup**
» **1 Bund frische Minze**
» **75 ml Kokosöl**

PASST ZU: KLEINEN APRIKOSENTÖRTCHEN ODER ANDEREN SÜßSPEISEN, ORIENTALISCHEN GEFÜGELGERICHTEN, KARAMELLISIERTEN MÖHRCHEN

1. Als erstes die Walnüsse in einer beschichteten Pfanne anrösten. Anschließend mit 4 cl Ahornsirup ablöschen und die Nüsse karamellisieren. Danach auf einem Teller erkalten lassen.

2. Die Minze waschen, trocken schütteln und dann die Blätter vom Stängel zupfen. Zusammen mit dem restlichen Ahornsirup und dem Kokosöl in den Mixer geben.

3. Am Schluss die karamellisierten Walnüsse dazugeben und noch einmal kurz mixen, sodass die Nüsse ihren Biss behalten.

WUSSTET IHR …?
… SCHON IM MITTELALTER BENUTZTE MAN MINZE ZUM AUSRÄUCHERN VON BÖSEN GEISTERN UND DÄMONEN. OBWOHL DIE MINZE BEI UNS IM GARTEN WIE UNKRAUT WUCHERT, HABE ICH DAS NOCH NICHT AUSPROBIERT. TATSÄCHLICH SOLL DER MINZRAUCH EINE BELEBENDE, REINIGENDE UND SCHÄRFENDE WIRKUNG AUF DEN MENSCHLICHEN GEIST HABEN.

NUSSPESTO

Zum Herbst gehören Nüsse und Kerne einfach dazu. Ob Wal- oder Haselnüsse, Eicheln, Kastanien oder Bucheckern – überall fallen sie zusammen mit dem bunten Herbstlaub von den Bäumen. Unter anderem kann man sie prima zum Kochen verwenden. Bei uns ergeben Walnüsse, Haselnüsse und Mandeln zusammen mit Petersilie ein herbstliches Pesto.

ZUTATEN:

» **1 Bund Petersilie**
» **150 ml Olivenöl**
» **1 Knoblauchzehe**
» **25 g Walnüsse**
» **30 g Haselnüsse**
» **25 g Mandeln**
» **60 g Parmesan**
» **Salz**
» **Pfeffer**

PASST ZU: NUDELN, GERÖSTETEM BROT, HERBSTLICHEN SUPPEN

1. Die Blätter der Petersilie von den Stängeln zupfen und zusammen mit etwa der Hälfte des Öles und der Knoblauchzehe in einen Mixer geben. Einmal gut durchpürieren, bis eine grüne Creme entstanden ist.

2. Jetzt die Nüsse und Mandeln hinzugeben und gut durchmixen, bis alle zerkleinert sind. Dabei das Öl nach und nach hinzufügen.

3. Anschließend den Parmesan in Stücke schneiden, zur Masse geben und noch einmal kurz mixen.

4. Mit Salz und Pfeffer abschmecken.

WUSSTET IHR ...?
... WALNÜSSE WERDEN AUFGRUND IHRER TYPISCHEN FORM AUCH ALS „BRAIN NUTS" BEZEICHNET. AUFGRUND IHRES HOHEN GEHALTS AN VITAMIN B6 SOLLEN SIE DIE KONZENTRATION FÖRDERN UND VOR MÜDIGKEIT UND NERVOSITÄT SCHÜTZEN.

OLIVENPESTO

Oliven aus dem Glas kann man glücklicherweise das ganze Jahr über kaufen. Mir schmeckt die eingelegte Variante vom Wochenmarkt besonders gut. Wenn ich im Herbst noch ein wenig mediterranes Flair heraufbeschwören möchte, bereite ich dieses Olivenpesto zu. Etwas Zitronensaft gibt ihm eine leckere Säure, die zu vielen Gerichten passt.

ZUTATEN:

» **150 g Oliven grün, ohne Kern**
» **25 g Pinienkerne**
» **50 g Grana Padano**
» **75 ml Olivenöl**
» **Saft von 1/2 Zitrone**
» **Salz**
» **Pfeffer**

PASST ZU: CIABATTA, BRUSCHETTA, TAPAS, MEDITERRANEN SPEISEN

1. Zunächst die Oliven grob mit dem Messer hacken und in einen Mixer geben.
2. Die Pinienkerne in einer beschichteten Pfanne ohne weiteres Fett anrösten und anschließend abkühlen lassen. Den Grana Padano grob reiben.
3. Jetzt die Oliven zusammen mit dem Olivenöl durchmixen, bis eine feine Creme entstanden ist. Dann die Pinienkerne dazugeben und noch mal kurz mixen.
4. Zum Schluss noch den Käse unterrühren und mit dem Zitronensaft, Salz und Pfeffer abschmecken.

WUSSTET IHR ...?
... SCHWARZE UND GRÜNE OLIVEN UNTERSCHEIDEN SICH NICHT ETWA DURCH IHRE ART ODER HERKUNFT, SONDERN DURCH IHREN REIFEGRAD. UM VON DEN GESUNDHEITSFÖRDERNDEN EIGENSCHAFTEN DER OLIVEN OPTIMAL ZU PROFITIEREN, EMPFIEHLT DIE SPANISCHE „GESELLSCHAFT FÜR GRUNDLEGENDE UND ANGEWANDTE ERNÄHRUNGSWISSENSCHAFT" DEN VERZEHR VON SIEBEN OLIVEN AM TAG.

KÜRBISPESTO

Im Herbst gibt es Kürbisse in allen Formen und Farben. Ein wirklich wundervolles Spektakel auf so manchen Bauernhöfen. Kürbisse sind so wundervoll vielseitig verwendbar und auch Pesto ist mit fast allen Sorten möglich. Am einfachsten zu verarbeiten ist aber der Hokkaidokürbis, da man die Schale mitessen kann. Also habe ich mich für diesen Kürbis für das Kürbispesto-Rezept entschieden.

» **ZUTATEN:**

» 1/2 Hokkaidokürbis (ca. 450–500 g)
» 1 Knoblauchzehe
» 75 ml Erdnussöl
» 30 g Kürbiskerne
» 50 g Ziegenfrischkäse
» Muskatnuss
» Salz
» Pfeffer
» Zitronensaft

PASST ZU: OFENKARTOFFELN, FLAMMKUCHEN, HÄHNCHEN

1. Als erstes den halben Kürbis entkernen und ihn noch mal in der Mitte durchschneiden. Die Scheiben auf ein Backblech legen, das Fruchtfleisch ein paar Mal mit einer Gabel einstechen und den Kürbis bei 160 Grad Ober-/Unterhitze für etwa 45 Minuten backen. Das Fruchtfleisch muss anschließend weich sein. Danach auskühlen lassen.

2. Anschließend die Kürbisstücke grob würfeln und zusammen mit dem Knoblauch, Öl und dem Käse in einen Mixer geben. Die Schale kann bei einem Hokkaido dran bleiben.

3. Die Kürbiskerne in einer Pfanne ohne Öl etwas anrösten und anschließend grob mörsern. Dann zum Pesto geben.

4. Jetzt mit etwas Muskatnuss, Salz, Pfeffer, und etwas Zitronensaft abschmecken.

WUSSTET IHR, …
… DASS KÜRBISSE SCHON SEIT 10.000 JAHREN ANGEBAUT WERDEN UND ES ÜBER 500 SORTEN GIBT?

MARONENPESTO

Wenn der Duft der gebackenen Maronen durch die Küche zieht, kommt bei mir Herbststimmung auf. Die kleinen, runden Schalenfrüchte sind roh ungenießbar, aber sie versüßen uns im wahrsten Sinne des Wortes die gemütliche Herbstzeit. Gekocht oder gebacken, schmecken sie nussig-süß und eignen sich somit hervorragend auch als Pesto-Grundlage mit typischem Herbstaroma. Hier zeige ich Euch meine Maronen-Pesto-Variante auf krossen Kartoffel-Kürbis-Rösti mit gebratenen Champignons.

ZUTATEN:

» Ca. 100 g Maronen
» Ein Bund glatte Petersilie
» 2 Zweige Rosmarin
» 40 g Parmesan
» 100 ml Rapsöl
» Salz
» Pfeffer

PASST ZU: KARTOFFELRÖSTI, WILDFLEISCH, KÜRBISSUPPE

WUSSTET IHR ...?
... FRÜHER GALT DIE MARONE ALS DAS BROT DER ARMEN. ALS MEHL VERWENDETE MAN SIE ZUM BACKEN VON BROT UND ZUR HERSTELLUNG VON BREI. SIE GALT ALS GRUNDNAHRUNGSMITTEL. HEUTE IST SIE VOR ALLEM AUF DEM WEIHNACHTSMARKT NICHT MEHR WEGZUDENKEN.

1. Als erstes die Maronen mit einem scharfen Küchenmesser an der dicken Bauchseite kreuzweise bis zum Fruchtfleisch einschneiden und sie ca. 20 Minuten bei 180 Grad im Ofen backen, bis die Schale aufplatzt. Ein kleines Gefäß mit Wasser dazu stellen, damit die Maronen nicht austrocknen.

2. Wenn sie anschließend etwas abgekühlt sind, können die Schale und die pelzige Haut darunter leicht entfernt werden. Alternativ könnt Ihr natürlich auch fertig gegarte Maronen verwenden.

3. Nun die Petersilie und den Rosmarin hacken und alles zusammen in einen Mixer geben. Den Parmesan reiben und ihn auch dazugeben. Jetzt noch das Öl hinzufügen und alles mixen, bis eine cremige Konsistenz erreicht ist.

4. Zum Schluss das Pesto mit Salz und Pfeffer abschmecken.

5. Wenn das Pesto nicht sofort verwendet werden soll, einfach in ein sauberes Glas geben und mit einer dicken Schicht Öl abschließen. So hält es sich mindestens eine Woche im Kühlschrank.

WiNTER

MIT FANTASIE DURCH DEN WINTER

Im Garten wird es leerer – auch wenn die Tomaten erfahrungsgemäß bis zum ersten Frost an den Pflanzen hängen. Die Feuertonne ist jetzt im Dauerbetrieb: Es ist Zeit für Flammlachs mit passendem Kräuterpesto. Viele Kräuter gedeihen im kompletten Jahresverlauf. „Rosmarin ist immer da, auch wenn die weichen Kräuter jetzt schon durch sind", erklärt Felix. Zum Flammlachs mit Kräuterpesto reicht Felix ein selbst gebackenes dunkles Brot aus dem Gartensteinofen und eine Dill-Honigsoße – lecker! Auch die Vögel kommen nicht zu kurz: Im Vogelhäuschen liegt der Kopf einer Sonnenblume. „Pick and Fly" für die Vögel.

Nach dem ersten Frost sind verschiedene Kohlsorten bereit zur Ernte. „Mit Walnüssen und Bergkäse ist Grünkohl ein Hochgenuss im Pesto", schwärmt Felix. Daneben stammen auch ein Rosenkohlpesto und die orientalische Variation aus seiner Ideenkiste.

Selbst im Winter geben die Wochenmärkte noch Inspiration. Samstags und mittwochs besucht Felix gerne den Münsteraner Markt am Dom. Mit den Marktleuten tauscht er Erfahrungen aus, probiert neue Käsesorten oder Kräuter. Felix schwört auf regionale Produkte. Zumal er die Anbieter inzwischen bestens kennt, sei es die Hafenkäserei aus Münster oder der Kräuterhof Rohlmann. Käse darf aber auch aus dem Allgäu oder aus Frankreich kommen. „Käse, Nüsse und Öle sind so vielfältig, allein daraus kann ich unterschiedlichste Pestosorten mixen!"

Felix'
Kochbook

GRÜNKOHLPESTO

In diesem Rezept wird ein winterliches Kraftpaket, der Grünkohl, zu einem würzigen Pesto verarbeitet. Das traditionelle Wintergemüse war schon früher eine der Lieblingskohlarten der Deutschen und kehrt nun mit dem hippen Namen „Kale" auf die Teller zurück. Die vitaminreiche Kohlart wächst bei uns jedes Jahr im Garten und ist besonders nährstoffreich, wenn sie – so wie hier – roh verwendet wird.

ZUTATEN:

» **200 g Grünkohlblätter**
» **75 g Walnüsse**
» **100 g würziger Bergkäse**
» **1 Knoblauchzehe**
» **120 ml Olivenöl**
» **Salz**
» **Pfeffer**

PASST ZU: RINDFLEISCH, SCHMORGERICHTEN, FRISCHEM BAUERNBROT, PASTA

1. Zunächst die Kohlblätter ordentlich waschen und anschließend trocken schütteln. Danach grob zerkleinern.
2. Die Walnüsse in einer beschichteten Pfanne unter Wenden anrösten.
3. Den Bergkäse in kleine Stücke schneiden. Die Knoblauchzehe schälen und grob hacken.
4. Alles mit dem Olivenöl in einen Mixer geben. Nun so lange mixen, bis sich die Zutaten gut verbunden haben.
5. Am Schluss noch mit Salz und Pfeffer abschmecken.

WUSSTET IHR ...?
... GRÜNKOHL STROTZT NICHT NUR SO VOR MINERALSTOFFEN UND VITAMINEN, ER HAT SOGAR INHALTSSTOFFE, DIE ENTGIFTEND UND ENTZÜNDUNGSHEMMEND WIRKEN. ER IST SOMIT EIN ECHTES „SUPERFOOD".

ORIENTALISCHES PESTO

Dieses orientalische Pesto passt zu jeglichem fernöstlichen Essen und hat durch das leichte Zimtaroma schon fast eine weihnachtliche Note. Es ist würzig, hat eine gewisse Schärfe, aber durch die Datteln auch eine pfiffige, süße Komponente. Dieses Pesto wird komplett cremig gerührt und kann daher auch wie eine dickflüssige Soße eingesetzt werden.

ZUTATEN:

» 30 g Walnüsse
» 4 entsteinte Datteln
» 2 getrocknete Tomaten
» 15 g frische, rote Peperoni
» 1 TL gemahlene Korianderkörner
» 1 TL Kreuzkümmelsamen
» 1 Prise Zimt
» 60 ml Olivenöl

PASST ZU: KÖFTE, LAHMACUN, FALAFEL, KEBAB, ABER AUCH ZU WILDGERICHTEN ODER GANS

1. Zunächst die Walnüsse, die Datteln und die getrockneten Tomaten grob vorhacken und in den Mixer geben.

2. Die Peperoni halbieren und die Kerne entfernen. Diese lassen sich schlecht mixen. Wer es aber lieber etwas schärfer mag, kann die Kerne natürlich auch mitverwenden. Die Peperonihälften in etwa ein zentimeterdicke Stücke schneiden und diese zu den anderen Zutaten hinzufügen.

3. Die Korianderkörner und Kreuzkümmelsamen zusammen mit dem Zimt in einem Mörser fein mahlen.

4. Die gemahlenen Gewürze und das Öl in den Mixer geben und alles zusammen cremig mixen.

WUSSTET IHR ...?
... ITALIENISCHE SCHIFFE, DIE IM ORIENTHANDEL TÄTIG WAREN, EXPORTIERTEN DAMALS PESTO AUS SEINER HEIMATSTADT, GENUA, NACH FERNOST.

PESTO ROSSO

Pesto Rosso ist wohl das beliebteste rote Pesto – ein absoluter Klassiker, den man in jedem Supermarkt findet. Selbst gemacht schmeckt es aber noch viel besser und macht auch mehr Freude!
Der Geschmack von angerösteten Paprika und Tomaten ist einfach stimmig und gibt vielen Gerichten auch im Winter eine sommerlich-frische Note.
Die Tomaten reifen bei uns im Gewächshaus tatsächlich fast bis zum ersten Frost. Daher können wir sie auch spät im Jahr noch zu Pesto verarbeiten. Das kann man in schönen Gläsern auch prima in der Weihnachtszeit verschenken.

ZUTATEN:

» 1 Spitzpaprika
» 150 g Cherrytomaten (ca. 13 - 15 Stück)
» 1 Knoblauchzehe
» 100 ml Öl
» 25 g Pistazien
» 30 g Grana Padano
» Salz
» Pfeffer

PASST ZU: NUDELN, FISCH, FLEISCH, GERÖSTETEM BROT, GEGRILLTEM GEMÜSE

WUSSTET IHR ...?
... VOR ALLEM DIE ALTEN SORTEN HABEN WESENTLICH MEHR AROMA ALS DIE GÄNGIGEN SUPERMARKTTOMATEN. SIE SCHMECKEN INTENSIVER UND SIND OFT SÜßER. DAHER EIGNEN SIE SICH PERFEKT FÜR DIESE PESTOVARIANTE.

1. Den Backofen auf 130 °C Umluft vorheizen.

2. Die Spitzpaprika und die Cherrytomaten waschen. Die Paprika entkernen und in Stücke schneiden, die Tomaten halbieren.

3. Die Knoblauchzehe schälen und zusammen mit den Paprikastückchen und den Tomatenhälften auf ein mit Backpapier ausgelegtes Blech geben. Mit etwas Olivenöl, Salz und Pfeffer marinieren.

4. Im Backofen das Gemüse nun bei 130 °C für ca. 30 Minuten garen. Nach der Hälfte der Zeit die Backofentür einen Spalt öffnen, sodass die entstandene Feuchtigkeit entweichen kann. Anschließend abkühlen lassen.

5. Die Pistazienkerne grob hacken und in einer Pfanne ohne Öl leicht anrösten.

6. Dann alle Zutaten in einen Mixer geben und fein pürieren. Zum Schluss mit Salz und Pfeffer abschmecken.

PETERSILIENWURZELPESTO

Viele kennen die Petersilienwurzel ja nur als Suppengrün. Doch sie kann viel mehr, als nur Geschmack zu geben für Suppen und Soßen. Sie ist ein tolles Wintergemüse, vielseitig einsetzbar und wächst daher auch bei uns im Hochbeet. Ich nutze den würzig-süßlichen Geschmack des weißen Wurzelgemüses hier als besondere, winterliche Pestovariante.

ZUTATEN:

» **300 g Petersilienwurzel**
» **80 g Mandeln**
» **100 g Parmesan**
» **150 ml Rapsöl**
» **Petersilie**
» **Salz**
» **Pfeffer**

PASST ZU: GERÄUCHERTEM LACHS, PASTA, WINTERLICHEN SUPPEN

1. Als erstes die Petersilienwurzel schälen, in Stücke schneiden und für ca. 15 Minuten in kochendem Salzwasser garen.

2. In der Zwischenzeit die Mandeln in einer beschichteten Pfanne unter Wenden anrösten.

3. Den Parmesan in kleine Stücke schneiden und die Petersilie grob hacken.

4. Nun alles zusammen mit dem Öl in einen Mixer geben und die Masse ordentlich durchmixen. Dann mit Salz und Pfeffer kräftig abschmecken.

WUSSTET IHR, ...?
...DASS MAN PETERSILIENWURZELN NUR SCHWER VON PASTINAKEN UNTERSCHEIDEN KANN? EINE KLEINE HILFE: DER BLATTANSATZ DER PETERSILIENWURZEL WÖLBT SICH NACH AUßEN UND DAS KOPFTEIL IST ETWAS SCHMALER. DIE PETERSILIENWURZEL SCHMECKT WÜRZIG, DIE PASTINAKE EHER SÜß.

ROSENKOHLPESTO

Rosenkohl mag es gerne kalt und frostig. Er gehört zu den Gemüsehighlights im Winter. Die Röschen sind reich an Vitaminen und Mineralien und somit besonders wertvoll in der kalten Jahreszeit. Außerdem sehen die Rosenkohlpflanzen auch dann echt toll aus im Hochbeet – wie kleine Weihnachtsbäume.

ZUTATEN:

» 500 g Rosenkohl
» 1 rote Zwiebel
» 4 EL Sonnenblumenöl
» 1 TL Agavendicksaft
» 1 TL Kreuzkümmel
» 100 g Walnüsse
» 1 Knoblauchzehe
» Saft einer Limette
» 80 g Parmesan
» Salz
» Pfeffer

PASST ZU: NUDELN, FLEISCH, BRATKARTOFFELN

1. Zunächst den Backofen auf 180° C Umluft vorheizen.

2. Dann die Rosenkohlröschen säubern. Dafür einfach die äußeren Blätter entfernen und den Strunk kürzen. Anschließend die Röschen vierteln.

3. Die Zwiebel schälen und in dünne Ringe schneiden.

4. Das Gemüse mit 4 EL Öl, dem Agavendicksaft und dem gemahlenen Kreuzkümmel mischen und auf einem Backblech für ca. 10 Minuten backen, bis die Röschen schön weich sind. Dann abkühlen lassen.

5. In der Zwischenzeit die Nüsse in einer beschichteten Pfanne unter Wenden anrösten und den Knoblauch hacken.

6. Alle restlichen Zutaten in den Mixer geben und sehr fein pürieren. Zum Schluss mit Salz und Pfeffer abschmecken.

Tipp: Wollt Ihr das Pesto zu Pasta servieren? Dann nehmt vor dem Mixen ca. 1/3 des Rosenkohls beiseite und garniert am Ende Euer Nudelgericht mit den Röschen.

WUSSTET IHR ...?
... ROSENKOHL WURDE URSPRÜNGLICH IN BELGIEN GEZÜCHTET UND WIRD DAHER AUCH ALS „BRÜSSELER KOHL“, AUF ENGLISCH „BRUSSELS SPROUTS“, BEZEICHNET.

ROTKOHLPESTO

Ist die Farbe nicht der Knaller? Rotkohlpesto hat nicht nur optisch etwas auf dem Kasten, sondern ist auch ein echter Allrounder. Es schmeckt zu Pasta, zu gebratenem Gemüse oder als Brotaufstrich. Es lassen sich auch Salatdressings prima damit aufpeppen.

ZUTATEN:

» ¼ Rotkohl
» 100 g Walnüsse
» 1 Knoblauchzehe
» 100 g Pecorino oder Parmesan
» Saft einer Limette
» 200 ml Rapsöl
» Salz
» Pfeffer

PASST ZU: WILDFLEISCH, SUPPEN, ALS LECKERER BROTAUFSTRICH ODER ZU WINTERLICHEN CREMESUPPEN

1. Als erstes viertelt Ihr den Rotkohl. Entfernt nun die äußeren Blätter und schneidet Euer Viertel in feine Streifen.

2. Röstet dann die Walnüsse in einer unbeschichteten Pfanne unter Wenden. Schält und hackt den Knoblauch und schneidet auch den Käse in kleine Stücke.

3. Gebt nun alles zusammen mit dem Saft der Limette und dem Öl in ein Rührgefäß und mixt es gut durch. Ist das Pesto anschließend noch zu trocken, gebt einfach noch etwas Öl hinzu.

4. Würzt noch ordentlich mit Salz und Pfeffer und lasst es Euch dann schmecken.

WUSSTET IHR ...?
... BEI UNS IM MÜNSTERLAND SAGT MAN „ROTKOHL“, WÄHREND MAN Z.B. IN BAYERN DAS WORT „BLAUKRAUT“ VERWENDET. DAS HÄNGT TATSÄCHLICH AUCH MIT DER FARBE DES KOHLS ZUSAMMEN: IM NORDEN SIND DIE BLÄTTER EHER ROT, WÄHREND SIE IM SÜDEN MEHR INS BLÄULICHE GEHEN. DAS LIEGT AM PH-WERT DES BODENS. ZUR ERKLÄRUNG: JE NIEDRIGER DER WERT, DESTO RÖTER WERDEN DIE BLÄTTER DES KOHLS.

SÜßES BASILIKUMPESTO

Das süße Basilikumpesto begleitet mich schon sehr lange. Eine gute Freundin von mir hat diese süße Leckerei in ihrer Abschlussprüfung als Köchin zubereitet, und wir durften das Pesto damals als Testesser vor der Prüfung kosten. Es war köstlich und ist bis heute in Erinnerung geblieben. Daher darf es natürlich hier nicht fehlen. Denn auch ein süßes Pesto kann vielseitig verwendet werden, ist super lecker und echt einfach zuzubereiten.

ZUTATEN:

» **1 Bund Basilikum**
» **4 El Kokosöl**
» **50 g Mandeln**
» **2 EL Honig**

1. Als erstes die Basilikumblätter vom Stiel zupfen, waschen und trocken schütteln. Dann zusammen mit dem Kokosöl in einen Mixer geben.

2. Die Mandeln in eine beschichtete Pfanne geben und zusammen mit dem Honig auf mittlerer Hitze karamellisieren lassen. Anschließend aus der Pfanne nehmen und abkühlen lassen.

3. Die karamellisierten Mandeln zu Basilikum und Öl in den Mixer geben und alles gut mixen. Wem das Pesto zu fest ist, der kann einfach noch 2 EL Kokosöl dazugeben.

PASST ZU: HELLER MOUSSE, PUDDING, ERDBEEREN

WUSSTET IHR, ...
... DASS DER NAME „BASILIKUM“ AUS DEM ALTGRIECHISCHEN WORT „BASILEUM“ FÜR KÖNIG HERVORGEHT? ES WIRD DAHER AUCH KÖNIGSKRAUT GENANNT. EIN SEHR PASSENDER NAME, WIE ICH FINDE!

THAIPESTO

Gerade im Winter kann man oft etwas gebrauchen, was auch von innen wärmt. Da kommt dieses pikante Thaipesto gerade recht. Die Kombination aus vielen verschiedenen Gewürzen passt super zu asiatisch marinierten Rippchen. Da esse ich sogar Koriander.

ZUTATEN:

» 2 Bund Koriander
» 2 Stiele (Thai-)Basilikum
» 150 ml Rapsöl
» 1 TL geriebene Bio-Limettenschale
» 1 rote Chilischote
» 2 Knoblauchzehen
» 100 Grana Padano
» 60 g Erdnusskerne (geröstet und gesalzen)
» Salz
» Pfeffer

PASST ZU: ASIATISCH MARINIERTEM FLEISCH (RIPPCHEN, ROASTBEEF, HÄHNCHEN), ASIATISCHEN SUPPEN, REIS

1. Die Kräuter waschen und trocken schütteln. Dann die Blätter von den Stielen zupfen und in den Mixer geben. Etwa die Hälfte des Rapsöls dazugießen und gut durchmixen.
2. Die Schale einer Limette reiben und einen Teelöffel davon zur Masse geben.
3. Die Chilischote längs halbieren, die Kerne entfernen und die Schote grob hacken. Die Knoblauchzehen schälen und vierteln. Beides mit in den Mixer geben.
4. Alle anderen Zutaten auch hinzufügen und kurz durchmixen.
5. Mit Salz und Pfeffer abschmecken.

WUSSTET IHR ... ?
... GESCHMACKLICH UNTERSCHEIDET SICH DER THAIBASILIKUM ENORM VOM HERKÖMMLICHEN. WÄHREND NORMALER BASILIKUM NUR LEICHT AROMATISCH SCHMECKT, SIND THAIBASILIKUMARTEN SEHR KRÄFTIG UND ERINNERN AN PFEFFER, ANIS ODER NELKEN.

FELIX' LIEBLINGSREZEPT MIT PESTO

CHIMICHURRIBURGER

Chimichurri ist wohl das südamerikanische Pendant zu Pesto. Dort wird es traditionell zu Rindfleisch und vor allem zu gegrillten Steaks gegessen. Da die Zutaten und auch die traditionelle Zubereitung im Mörser sehr ähnlich sind, hat das Rezept auch seine Berechtigung in diesem Buch. Ich habe das Chimichurri mit meinem Lieblingsgericht „Burger" kombiniert. Achtet bei den Fleischpatties auf gute Qualität und einen höheren Fettanteil. Am besten fragt Ihr bei einem Metzger nach, ob er Euch das Hackfleisch grober wolft und etwas mehr Fett in das Fleisch gibt. Damit steht und fällt die Saftigkeit und der Geschmack des Burgers. Hier also das Rezept für einen leckeren Chimichurriburger. Dieser braucht wahrlich nicht viele Zutaten.

ZUTATEN FÜR DAS CHIMICHURRI:

» 2 Bund Petersilie
» 1 Stiel frischer Thymian
» 2 Stiele frischer Basilikum
» Saft von 1/2 Limette
» 1 kleine, rote Zwiebel
» 2 Knoblauchzehen
» 1 frische Chili
» 4 EL Olivenöl
» Etwa 1 TL Meersalz
» Grober Pfeffer

ZUTATEN FÜR 4 BURGER:

» 4 Burgerbuns
» Etwas Butter
» 4 Burgerpatties
» Mayonnaise
» 4 Blätter Salat

PASST ZU: STEAK, BURGER, GEGRILLTEM GEMÜSE

Felix' Kochbook

1. Zunächst das Chimichurri zubereiten. Dafür die Blätter von Petersilie, Thymian und Basilikum in einen Mixer oder Mörser geben. Den Saft von einer halben Limette hinzupressen.

2. Die rote Zwiebel und die Knoblauchzehen schälen, halbieren und fein würfeln. Die frische Chili halbieren, von den Kernen befreien und dann auch fein hacken. Alles ins Gefäß zu den Kräutern geben.

3. Dann das Öl hinzugießen und alles gut mixen bzw. im Mörser zerstoßen. Hier kann schon nach und nach etwas Salz dazugegeben werden. Das unterstützt das Mörsern.

4. Wenn alles gut zerkleinert ist, mit dem restlichen Salz und Pfeffer abschmecken und beiseitestellen.

5. Jetzt den Burger zubereiten. Dazu die Burgerbuns halbieren und die Hälften mit etwas Butter bestreichen. Den Grill für direkte Hitze vorbereiten und die Brötchenhälften darauf kurz anrösten und zur Seite stellen.

6. Anschließend die Burgerpatties von jeder Seite etwa zwei Minuten angrillen, bis sie eine schöne braune Kruste haben und von innen „medium" gegrillt sind. So sind sie am saftigsten.

7. Jetzt den Burger zusammenbauen. Dafür die Mayonnaise auf die untere Hälfte der Burgerbuns geben. Dann jeweils ein Salatblatt und darauf ein Patty stapeln. Zum Schluss mit ein bis zwei Esslöffeln Chimichurri toppen und dann mit der oberen Bunhälfte abschließen.

Lasst Euch den Burger gut schmecken. Dazu passen natürlich leckere, selbst gemachte Pommes.

WUSSTET IHR, ...

... DASS DIE HERKUNFT DES WORTES „CHIMICHURRI" NICHT GEKLÄRT IST? ABER EINE THEORIE LAUTET, DASS DIE ENGLISCHEN EINWANDERER IN SÜDAMERIKA AUFGRUND MANGELNDER SPRACHKENNTNIS DIE SOßE MIT „CHE! ME CURRY!", ALSO „FREUND, MIR SOßE" BESTELLT HABEN SOLLEN.

DANKSAGUNG

So ein Kochbuch schreibt man nicht alleine. Und auch den Weg bis zum fertigen Buch geht man nicht ohne Menschen, die unterstützen, Rückmeldungen geben oder inspirieren. Da darf so eine Danksagung natürlich nicht fehlen.

Zuallererst muss ich meiner Frau Miri Danke sagen. Mit ihr zusammen hatte ich vor Jahren die Idee zu diesem Buch. Von Anfang an haben wir alles zusammen umgesetzt und uns darüber ausgetauscht, welche Rezepte, Ideen und Texte in dieses Buch einfließen.
Und vor allem zum Schluss hat Miri sich komplett reingehängt und meine mangelnden Sprach- und Schreibfertigkeiten ausgebügelt, sodass man dieses Buch vermutlich überhaupt lesen kann. Auch wenn nur mein Name vorne draufsteht: Das ist unser Buch!

Dann danke ich Janny von der Kochschule „artcuisine" in Münster. Sie hat, nachdem ich im Nebensatz von dieser Buchidee erzählt habe, direkt den Kontakt zu LV.Buch hergestellt und damit das Projekt auf den Weg gebracht. Sonst hätten wir vermutlich bis heute nicht angefangen.

Dann geht natürlich ein großes Danke an den Verlag „LV.Buch", insbesondere an Kristin Sommer, dass Ihr Bock auf dieses Buch hattet und es mit uns umgesetzt habt. Danke an Kristin für den immer angenehmen und ruhigen Kontakt mit Dir. So musste ich nicht ganz so viel Angst bei der Produktion des Buches haben.

Vielen Dank auch an Thomas Mohn, der alle Bilder in diesem Buch, die kein Pesto zeigen, fotografiert hat. Deine zugleich witzige und professionelle Art zu arbeiten, hat es mir sehr leicht gemacht, doch mal vor der Kamera zu stehen und mich nicht allzu unwohl zu fühlen.

Weiter geht ein dickes Dankeschön an Tina von Farbbechers Cuisine. Danke, dass Du jedes dieser Bilder vorab begutachtet und mir schnell genug Rückmeldung gegeben hast, sodass ich manche Bilder doch noch „in schön" umsetzen konnte. Danke auch, dass Du das Pesto Rosso und das Möhrengrünpesto beigesteuert hast und wir sogar zusammen das Bild fürs Pesto Rosso umgesetzt haben (#Teamtellerhecke).

Und nicht zu vergessen noch Tanja von den Foodistas und Jenni von Panamaquadrat! Danke, dass ich mir bei Euren Blogs etwas Pestoinspiration klauen durfte. Und auch an Pia einen herzlichen Dank für das süße Basilikumpesto.

Natürlich geht auch ein großes Danke an alle, die immer mal wieder nach dem Projekt und dem Stand des Buches gefragt haben. Das hat uns immer wieder motiviert, das Projekt auch durchzuziehen.

VEGETARISCH, HERZHAFT ODER SÜß:

ORIGINELLE REZEPTE FÜR KAROTTEN-FANS UND KARTOFFELLIEBHABER!

Karotten: Knackig, frisch und vielseitig
Überraschende Rezepte für Süßes und Herzhaftes
Marie Klee
144 Seiten | 20 x 24,5 cm | Hardcover
18,00 €
ISBN 978-3-7843-5686-02

Die perfekte Ofenkartoffel

57 leckere Rezepte: vegan, vegetarisch, mit Fleisch, mit Fisch

Janny Hebel

Ca. 144 Seiten | 20 x 24,5 cm | Hardcover

18,00 €

ISBN 978-3-7843-5668-6

FSC
www.fsc.org
MIX
Papier | Fördert gute Waldnutzung
FSC® C110508

Impressum

Deutsche Originalausgabe:
LV.Buch im Landwirtschaftsverlag GmbH, 48084 Münster

3. Auflage 2024

Gestaltung: Anne Gäng, LV Media Pro im Landwirtschaftsverlag GmbH
Fotografie: Thomas Mohn, www.thomasmohn.de
Rezeptfotografie: Felix Schäferhoff, www.felixkochbook.de
Redaktion: Cornelia Höchstetter, www.cornelia-hoechstetter.de
Lektorat: Melanie Suttarp, Landwirtschaftsverlag GmbH
Herstellung: LV MediaPro im Landwirtschaftsverlag GmbH, Anja Luszek-Hoffmann (Ltg.), Ingo Feyka
Druck: Westermann Druck Zwickau GmbH

ISBN: 978-3-7843-5653-2

www.lv-buch.de